Insalate Creative

Gusti Che Sorprendono

Elena Ricci

Contenuti

Fatoosh

Ingredienti:

Modificare le dimensioni della porzione

2 pita di pane

8 foglie di lattuga romana tagliate a pezzetti

2 cipolle verdi, tritate

1 cetriolo, tritato

3 pomodori tagliati in quarti

1 spicchio d'aglio, sbucciato e tritato

2 cucchiai. Polvere di sommacco

¼ tazza di succo di limone

¼ tazza di olio d'oliva

1 C. Sale

contro Pepe nero macinato

¼ di tazza di foglie di menta tritate

Metodo

Preriscaldare il forno a 350 gradi F, 175 gradi C. Tostare le pite per 5-10 minuti nel forno preriscaldato, fino a renderle croccanti. Rompere in pezzetti. In una grande ciotola, unisci i pezzi di pita tostati, le cipolle verdi, la lattuga romana, il cetriolo e i pomodori. Servire immediatamente.

Godere!

Insalata piccante di pere e formaggio blu

ingredienti

1/3 di tazza di ketchup

½ tazza di aceto bianco distillato

¾ tazza di zucchero bianco

2 cucchiai. Sale

1 tazza di olio di canola

2 cespi di lattuga romana, tritati

4 once di formaggio blu sbriciolato

2 pere sbucciate, senza semi e tritate

½ tazza di noci tritate tostate

½ cipolla rossa, tritata

Metodo

In una piccola ciotola si mescolano bene ketchup, zucchero, aceto e sale.

Aggiungere gradualmente l'olio, mescolando continuamente, fino ad

ottenere un composto ben amalgamato. In una grande ciotola da portata,

unire la lattuga, il formaggio blu, le pere, le noci e la cipolla rossa. Versare il

condimento sull'insalata e mescolare per ricoprire.

Godere!

Insalata Italiana Piccante

Ingredienti:

½ tazza di olio di canola

1/3 di tazza di aceto di dragoncello

1 cucchiaio. zucchero bianco

1 peperone rosso, tagliato a strisce

1 carota grattugiata

1 cipolla rossa, affettata

¼ di tazza di olive nere

¼ di tazza di olive verdi snocciolate

½ tazza di cetriolo a fette

2 cucchiai. Formaggio romano grattugiato

Pepe nero macinato a piacere

Metodo

In un contenitore medio, unisci l'olio di canola, lo zucchero, la senape secca, il timo e l'aglio in una ciotola. In una grande ciotola, unire la lattuga, il peperoncino, la carota, la cipolla rossa, i cuori di carciofo, le olive nere, le olive verdi, il cetriolo e il formaggio Romano. Riporre in frigorifero per 4 ore o durante la notte. Condire con pepe e sale. Servire fresco.

Godere!

Insalata Cesare II

Ingredienti:

1 cespo di lattuga romana

2 tazze di crostini

1 succo di limone

1 pizzico di salsa Worcestershire

6 spicchi d'aglio, tritati

1 cucchiaio. Senape di Digione

½ tazza di olio d'oliva

¼ tazza di parmigiano grattugiato

Metodo

Schiacciare i crostini in una ciotola profonda. Prenotare. Mescolare in una ciotola la senape, il succo di limone e la salsa Worcestershire. Mescolare bene in un frullatore e aggiungere lentamente l'olio d'oliva fino ad ottenere una crema. Versare la vinaigrette sulla lattuga. Aggiungete i crostini ed il formaggio e mescolate bene. Servire immediatamente.

Godere!

Insalata con prosciutto, pere e noci caramellate

Ingredienti:

2 tazze di succo d'arancia

2 cucchiai. aceto di vino rosso

2 cucchiai. cipolla rossa tritata finemente

1 cucchiaio. zucchero bianco

1 cucchiaio. vino bianco

1 tazza di metà di noce

½ tazza di zucchero bianco

¼ tazza d'acqua

¾ tazza di olio extra vergine di oliva

1 cucchiaio. Burro

2 pere - sbucciate, senza semi e tagliate in quarti

Prosciutto tagliato a strisce sottili - 1/4 libbra

2 cuori di romaine, sciacquati e strappati

Metodo

In una casseruola media, scalda prima il succo d'arancia a fuoco medio-alto, sbattendo spesso, fino a ridurlo di 1/4. Aggiungere in un frullatore insieme all'aceto, alla cipolla, allo zucchero, al vino, al sale e al pepe. Sciogliere il burro in una padella antiaderente a fuoco medio mescolando a bassa velocità, togliere il tappo e irrorare lentamente con olio d'oliva per emulsionare il condimento. Aggiungere lo zucchero e l'acqua e cuocere, mescolando continuamente. Rosolare le pere e le noci nel burro per 3 minuti. Togliere dal fuoco e mettere da parte a raffreddare. Aggiungi la vinaigrette. Servire ora su un grande piatto italiano.

Godere!

Insalata romana e mandarino con vinaigrette ai semi di papavero

Ingredienti:

6 fette di pancetta

1/3 di tazza di aceto di mele

¾ tazza di zucchero bianco

½ tazza di cipolla rossa tritata grossolanamente

½ cucchiaino. Senape secca in polvere

contro Sale

½ tazza di olio vegetale1 cucchiaio. Semi di papavero

10 tazze di foglie di lattuga romana strappate

10 once di spicchi di mandarino sgocciolati

¼ tazza di mandorle a scaglie tostate

Metodo

Rosolare la pancetta in una padella. Scolare, sbriciolare e mettere da parte.

Metti l'aceto, lo zucchero, la cipolla rossa, la senape in polvere e il sale nella

ciotola di un frullatore. Ridurre la velocità del mixer a medio-bassa.

Incorporate i semi di papavero, ora mescolate finché non saranno

incorporati e il condimento sarà cremoso. Mescolare la lattuga romana con

la pancetta sbriciolata e i mandarini in una ciotola capiente. Guarnire con la

vinaigrette e servire subito.

Godere!

Insalata In Stile Ristorante Fatta In Casa

Ingredienti:

Modificare le dimensioni della porzione

1 grande lattuga romana, sciacquata, asciugata e tagliata a pezzetti

Barattolo da 4 once di peperoncini tagliati a dadini, scolati

2/3 bicchiere di olio extra vergine di oliva

1/3 di tazza di aceto di vino rosso

1 C. Sale

1 iceberg a testa larga: sciacquato, asciugato e fatto a pezzi

14 once di cuori di carciofo, scolati e tagliati in quarti

1 tazza di cipolla rossa affettata

contro Pepe nero macinato

2/3 tazza di formaggio - parmigiano grattugiato

Metodo

Unisci tutti gli ingredienti in una ciotola e mescola bene. Servire

immediatamente.

Godere!

Insalata di spinaci

Ingredienti:

Modificare le dimensioni della porzione

½ tazza di zucchero bianco

1 tazza di olio vegetale

2 cucchiai. salsa Worcestershire

1/3 tazza di ketchup

½ tazza di aceto bianco

1 cipolla piccola tritata

1 libbra di spinaci – sciacquati, asciugati e tagliati a pezzetti

4 etti di castagne sgocciolate a fette

5 fette di pancetta

Metodo

Unisci tutti gli ingredienti in una ciotola e mescola bene. Servire

immediatamente.

Godere!

Insalata di spinaci Super Seven

Ingredienti:

Confezione da 6 once di spinaci baby

1/3 tazza di formaggio cheddar a cubetti

1 mela Fuji, sbucciata, senza torsolo e tagliata a cubetti

1/3 di tazza di cipolla rossa tritata finemente

¼ di tazza di mirtilli rossi secchi zuccherati

1/3 tazza di mandorle a scaglie pelate

3 cucchiai. Condimento per insalata con semi di papavero

Metodo

Unisci tutti gli ingredienti in una ciotola e mescola bene. Servire

immediatamente.

Godere!

Bella insalata

Ingredienti:

8 tazze di spinaci novelli

11 once possono arance mandarino, sgocciolate

½ cipolla rossa media, tagliata separatamente ad anelli

1 tazza di formaggio feta sbriciolato

1 tazza di vinaigrette all'aceto balsamico

1 tazza e ½ di mirtilli rossi secchi zuccherati

1 tazza di mandorle a scaglie tostate al miele

Metodo

Unisci tutti gli ingredienti in una ciotola e mescola bene. Servire

immediatamente.

Godere!

Insalata di spinaci e orzo

Ingredienti:

Confezione da 16 once di pasta d'orzo cruda

Confezione da 10 once di spinaci baby tritati finemente

½ libbra di formaggio feta sbriciolato

½ cipolla rossa tritata finemente

¾ tazza di pinoli

½ cucchiaino. Basilico essiccato

contro Pepe bianco macinato

½ tazza di olio d'oliva

½ tazza di aceto balsamico

Metodo

Portare a ebollizione una pentola capiente con acqua leggermente salata.

Trasferire in una ciotola capiente e aggiungere gli spinaci, la feta, la cipolla, i

pinoli, il basilico e il pepe bianco. Aggiungere l'orzo e cuocere per 8-10

minuti, scolare e sciacquare con acqua fredda. Mescolare con olio d'oliva e

aceto balsamico. Conservare in frigorifero e servire freddo.

Godere!

Insalata di fragole, kiwi e spinaci

Ingredienti:

2 cucchiai. Aceto di lamponi

2 cucchiai e mezzo. Marmellata di lamponi

1/3 di tazza di olio vegetale

8 tazze di spinaci, sciacquati e tagliati a pezzetti

½ tazza di noci tritate

8 fragole tagliate in quarti

2 kiwi, sbucciati e affettati

Metodo

Unisci tutti gli ingredienti in una ciotola e mescola bene. Servire immediatamente.

Godere!

Insalata di spinaci con melograno

Ingredienti:

1 sacchetto da 10 once di spinaci novelli, sciacquati e scolati

1/4 cipolla rossa, affettata molto sottilmente

Pezzi di noce da 1/2 tazza

1/2 tazza di feta sbriciolata

1/4 tazza di germogli di erba medica, facoltativo

1 melagrana, sbucciata e con i semi separati

4 cucchiai. Aceto balsamico

Metodo

Metti gli spinaci in un'insalatiera. Guarnire con cipolla rossa, noci, feta e germogli. Cospargere i semi di melograno sulla superficie e condire con la vinaigrette.

Godere!

Insalata di spinaci con vinaigrette alla gelatina di peperoni

Ingredienti:

3 cucchiai. Gelatina di peperoni dolci

2 cucchiai. Olio d'oliva

1/8 cucchiaino. Sale

2 tazze di spinaci novelli

2 once di formaggio di capra a fette

1/8 cucchiaino. Senape di Digione

Metodo

Unisci tutti gli ingredienti in una ciotola e mescola bene. Servire immediatamente.

Godere!

Insalata super facile di spinaci e peperoni rossi

Ingredienti:

¼ tazza di olio d'oliva

Confezione da 6 once di spinaci baby

½ tazza di formaggio - parmigiano grattugiato

¼ di tazza di aceto di riso

1 peperoncino rosso tritato

Metodo

Unisci tutti gli ingredienti in una ciotola e mescola bene. Servire

immediatamente.

Godere!

Insalata di spinaci, anguria e menta

Ingredienti:

1 cucchiaio. Semi di papavero

¼ di tazza di zucchero bianco, un sacchetto da 10 once di spinaci novelli

1 tazza di aceto di mele

¼ di tazza di salsa Worcestershire

½ tazza di olio vegetale

1 cucchiaio. semi di sesamo

2 tazze di anguria tagliata a cubetti e senza semi

1 tazza di foglie di menta tritate finemente

1 cipolla rossa piccola, tritata

1 tazza di noci pecan tostate tritate

Metodo

Unisci tutti gli ingredienti in una ciotola e mescola bene. Servire immediatamente.

Godere!

Bella insalata di melograno

Ingredienti:

10 once di mandarini sgocciolati

10 once di spinaci baby

10 once di foglie di rucola

1 melagrana, sbucciata e con i semi separati

½ cipolla rossa tritata

Metodo

Unisci tutti gli ingredienti in una ciotola e mescola bene. Servire

immediatamente.

Godere!

Insalata croccante di mele e mandorle

Ingredienti:

Confezione da 10 once di insalata

½ tazza di mandorle a scaglie

½ tazza di formaggio feta sbriciolato

1 tazza di torta di mele tritata e senza semi

¼ di tazza di cipolla rossa affettata

¼ di tazza di uvetta dorata

1 tazza di vinaigrette ai lamponi

Metodo

Unisci tutti gli ingredienti in una ciotola e mescola bene. Servire

immediatamente.

Godere!

Delizia al Mandarino, Gorgonzola e Mandorla

Ingredienti:

½ tazza di mandorle a scaglie pelate, tostate a secco

1 tazza di Gorgonzola

2 cucchiai. aceto di vino rosso

11 once di mandarini, succo riservato

2 cucchiai. Olio vegetale

12 once di insalata verde

Metodo

Unisci tutti gli ingredienti in una ciotola e mescola bene. Servire

immediatamente.

Godere!

Insalata romana e arancia

Ingredienti:

½ tazza di succo d'arancia

1 lattuga romana grande, spezzettata, lavata e asciugata

3 lattine di mandarini

½ tazza di mandorle a scaglie

3 cucchiai. Olio d'oliva

2 cucchiai. aceto di vino rosso

½ cucchiaino. Pepe nero macinato

contro Sale

Metodo

Unisci tutti gli ingredienti in una ciotola e mescola bene. Servire

immediatamente.

Godere!

Insalata avvincente

Ingredienti:

1 tazza di maionese

½ tazza di formaggio fresco grattugiato

½ tazza di carote grattugiate

¼ tazza di formaggio fresco - parmigiano grattugiato

2 cucchiai. zucchero bianco

Confezione da 10 once di mix di lattuga primaverile

½ tazza di cimette di cavolfiore piccole

½ tazza di pezzetti di pancetta

Metodo

In una piccola ciotola, unire 1/4 di tazza di parmigiano e lo zucchero e la maionese fino a ottenere un composto ben amalgamato. Coprire, quindi conservare in frigorifero per una notte. Unisci la lattuga, i pezzetti di pancetta, 1/2 tazza di carote, il parmigiano e il cavolfiore in una grande ciotola da portata. Condire con la vinaigrette fredda appena prima di servire.

Godere!

Insalata di cavolo riccio con melograno, semi di girasole e mandorle a scaglie

Ingredienti:

½ libbra di cavolo riccio

1 tazza e ½ di semi di melograno

5 cucchiai. Aceto balsamico

3 cucchiai. olio extravergine d'oliva

2 cucchiai. Semi di girasole

1/3 tazza di mandorle a scaglie

5 cucchiai. Aceto di riso condito con peperoncino

Sale a piacere

Metodo

Lavare e eliminare l'acqua in eccesso dal cavolo riccio. Tritare le foglie fino a quando saranno fini ma ancora un po' frondose. In una grande ciotola si mescolano le mandorle a fette, il cavolo riccio tritato, i semi di melograno e i semi di girasole; mescolare per combinare. Eliminate le nervature centrali e i gambi. La miscela di olio d'oliva, aceto di riso e aceto balsamico viene spruzzata sulla miscela di cavolo riccio e mescolata. Si condisce con sale per servire.

Godere!

Insalata di feta al melograno con vinaigrette al limone di Digione

Ingredienti:

Confezione da 10 once di verdure miste

Confezione da 8 once di formaggio feta sbriciolato

1 limone, scorza e spremuto

1 C. Senape di Digione

1 melagrana, sbucciata e con i semi separati

3 cucchiai. aceto di vino rosso

3 cucchiai. olio extravergine d'oliva

Sale e pepe a piacere

Metodo

La lattuga, il formaggio feta e i semi di melograno vengono posti in una grande ciotola. Quindi in una grande ciotola separata si mescolano il succo e la scorza di limone, l'aceto, la senape, il sale, l'olio d'oliva e il pepe. Il composto viene versato sull'insalata e mescolato per ricoprirlo. Ora servi immediatamente per scavare.

Godere!

Insalata di rucola, finocchi e arance

Ingredienti:

½ cucchiaino. Pepe nero macinato

¼ tazza di olio d'oliva

1 mazzetto di rucola

1 cucchiaio. Mio caro

1 cucchiaio. Succo di limone

½ cucchiaino. Sale

2 arance, sbucciate e tagliate a spicchi

1 bulbo di finocchio, affettato

2 cucchiai. Olive nere a fette

Metodo

Unisci tutti gli ingredienti in una ciotola capiente e mescola bene. Servire

immediatamente. Godere!

Insalata di spinaci con avocado e anguria

Ingredienti:

2 avocado grandi, sbucciati, snocciolati e tagliati a dadini

4 tazze di anguria a cubetti

4 tazze di foglie di spinaci

1 tazza di vinaigrette all'aceto balsamico

Metodo

Unisci tutti gli ingredienti in una ciotola capiente e mescola bene. Servire

fresco.

Godere!

Insalata di avocado, cavolo riccio e quinoa

ingredienti

2/3 tazza di quinoa

1 mazzetto di cavolo riccio tagliato a pezzetti

½ avocado, sbucciato e tagliato a cubetti

1/3 di tazza di peperoncino rosso, tritato

½ tazza di cetriolo, tagliato a cubetti

2 cucchiai. Cipolla rossa, tritata finemente

1 tazza e 1/3 di acqua

1 cucchiaio. Formaggio feta sbriciolato

vestirsi

¼ tazza di olio d'oliva2 cucchiai. Succo di limone

1 cucchiaio e mezzo. Senape di Digione

contro Sale marino

contro Pepe nero, appena macinato

Metodo

Aggiungi la quinoa e l'acqua in una casseruola. Portalo a ebollizione. Ridurre il fuoco e cuocere per 15-20 minuti. Tienilo da parte. Cuocere il cavolo riccio utilizzando una vaporiera per 45 secondi. Sbattere tutti gli ingredienti del condimento in una ciotola. Unisci cavolo, quinoa, avocado e tutto il resto e aggiungi il condimento.

Godere!

Insalata di zucchine con condimento speciale

ingredienti

6 zucchine piccole, affettate sottilmente

½ tazza di peperone verde, tritato

½ tazza di cipolla, tagliata a dadini

½ tazza di sedano, tagliato a dadini

1 vasetto di Pimientos, scolato e tagliato a dadini

2/3 di tazza di aceto

3 cucchiai. aceto di vino bianco

1/3 di tazza di olio vegetale

½ tazza) di zucchero

½ cucchiaino. Pepe

½ cucchiaino. Sale

Metodo

Unisci tutte le verdure in una ciotola media e mettile da parte. Mescolare tutti gli altri ingredienti in un barattolo con coperchio ermetico. Agitare vigorosamente il composto e versarlo sulle verdure. Mescolare delicatamente le verdure. Coprire e conservare in frigorifero per una notte o almeno 8 ore. Servito freddo.

Godere!

Insalata di verdure e pancetta

ingredienti

3 tazze di broccoli tritati

3 tazze di cavolfiore tritato

3 tazze di sedano tritato

6 fette di pancetta

1 tazza e ½ di maionese

¼ tazza di parmigiano

1 confezione di piselli surgelati, scongelati

1 tazza di mirtilli rossi secchi zuccherati

1 tazza di arachidi spagnole

2 cucchiai. cipolla grattuggiata

1 cucchiaio. aceto di vino bianco

1 C. sale

¼ tazza di zucchero bianco

Metodo

Cuocere la pancetta in una padella larga e profonda finché non sarà ben dorata. Disponetela sul piatto e sbriciolatela. In una grande ciotola, unisci broccoli, cavolfiore, piselli, mirtilli rossi e sedano. In un'altra ciotola, unire il formaggio, la maionese, la cipolla, lo zucchero, l'aceto e il sale. Versare il composto sulle verdure. Aggiungere le noci, la pancetta e mescolare bene. Servire immediatamente o freddo.

Godere!

Insalata Di Cetrioli Croccante

ingredienti

2 litri di cetrioli piccoli, affettati con la pelle

2 cipolle, affettate sottilmente

1 tazza di aceto

1 tazza e ¼ di zucchero

1 cucchiaio. Sale

Metodo

Unisci la cipolla, il cetriolo e il sale in una ciotola e lasciali in ammollo per 3 ore. Prendete una padella e aggiungete l'aceto e fatelo scaldare. Aggiungete lo zucchero e mescolate continuamente finché lo zucchero non si sarà sciolto. Rimuovere il cetriolo dal composto ammollato e scolare il liquido in eccesso. Aggiungere il cetriolo alla miscela di aceto e mescolare. Metti la miscela in sacchetti o contenitori di plastica per congelatore. Congelalo. Scongelare e servire freddo.

Insalata colorata di verdure e formaggio

ingredienti

1/3 di tazza di peperone rosso o verde, tagliato a dadini

1 tazza di sedano, tagliato a dadini

1 busta di piselli surgelati

3 cetriolini dolci, tritati finemente

6 Lattuga

2/3 tazza di maionese¾ tazza di formaggio cheddar, tagliato a cubetti

Pepe, appena macinato

Sale a piacere

Metodo

Prendi una grande ciotola. Mescolare insieme maionese, pepe e sale.
Aggiungere al composto il peperone rosso o verde, i sottaceti, il sedano e i
piselli. Mescolare bene tutti gli ingredienti. Aggiungere il formaggio al
composto. Raffreddarlo per 1 ora. Disporre le foglie di lattuga sul piatto da
insalata e adagiarvi sopra il composto.

Godere!

Insalata cremosa al cetriolo

ingredienti

9 tazze di cetrioli, sbucciati e tagliati a fette sottili,

8 cipolle verdi, tritate finemente

contro Sale di cipolla

contro Sale all'aglio

½ tazza di yogurt

½ tazza di maionese a basso contenuto di grassi

contro Pepe

2 gocce di salsa di peperoncino

¼ di tazza di latte evaporato

¼ di tazza di aceto di mele

¼ tazza) di zucchero

Metodo

Prendi una grande ciotola. Metti il cetriolo, le cipolle verdi, il sale alla cipolla, il sale all'aglio e lo yogurt in una ciotola e mescola bene. Mescolare maionese, pepe, salsa di peperoni, latte, aceto, zucchero e formare un composto omogeneo. Distribuire la vinaigrette sul composto di cetrioli. Mescolare bene in modo che tutte le verdure siano ricoperte dal condimento. Refrigerare l'insalata per 4 ore. Servitelo freddo.

Godere!

Insalata di pancetta e broccoli

ingredienti

1 testa di broccoli, tagliata a pezzetti

10 fette di pancetta

¼ tazza di cipolla rossa, tritata finemente

½ tazza di uvetta

3 cucchiai. aceto di vino bianco

1 tazza di maionese

1 tazza di semi di girasole

2 cucchiai. zucchero bianco

Metodo

Prendi una padella grande. Cuocere la pancetta fino a doratura uniforme. Sbriciolare e tenere da parte. Mettete i broccoli, l'uvetta e la cipolla in una ciotola e aggiungete il composto. Prendi una piccola ciotola e sbatti insieme la maionese, l'aceto e lo zucchero. Trasferitelo nel composto di broccoli e mescolate. Conservare in frigorifero per due ore. Prima di servire aggiungere la pancetta e i semi di girasole.

Godere!

Insalata di verdure e pane di mais

ingredienti

1 tazza di pane di mais, sbriciolato grossolanamente

1 lattina di mais integrale, sgocciolato

½ tazza di cipolla, tritata

½ tazza di cetriolo, tritato

½ tazza di broccoli, tritati

½ tazza di peperone verde e peperoncino rosso, tritati finemente

½ tazza di pomodori senza semi, tritati

½ tazza di pepe in grani

Condimento ranch

Sale e pepe a piacere

Foglie di lattuga

Metodo

Prendi una grande ciotola. Aggiungere il pane di mais e le verdure.

Mescolare la miscela. Cospargere la vinaigrette sul composto. Aggiungere

sale e pepe a piacere. Buttalo via di nuovo. Coprite il composto e mettetelo

in frigorifero per almeno 4 ore. Disporre l'insalata sulle foglie di lattuga e

servire.

Godere!

Insalata di fagioli e verdure

ingredienti

2 lattine di mais intero, sgocciolato

1 lattina di fagioli neri, sciacquati e scolati

8 cipolle verdi, tritate finemente

2 peperoni jalapeno privati dei semi e tritati finemente

1 peperone verde, tagliato a fettine sottili

1 avocado, sbucciato e tagliato a cubetti

1 vasetto di peperoncino

3 pomodori, a fette

1/2 tazza di condimento italiano

1/2 cucchiaino. sale all'aglio

1 tazza di coriandolo tritato

1 lime, spremuto

Metodo

Unisci i fagioli neri e il mais in una grande ciotola. Aggiungere le cipolle verdi, i peperoni, i peperoni jalapeño, i peperoncini, l'avocado e i pomodori e mescolare il composto. Aggiungere al composto il coriandolo, il succo di lime e la vinaigrette italiana. Aggiungere sale all'aglio per condire. Mescolare bene. Servitelo freddo.

Godere!

Insalata di mais e olive

ingredienti

1 confezione di mais congelato

3 uova sode

½ tazza di maionese

1/3 di tazza di olive ripiene di peperoncino

2 cucchiai. Erba cipollina tritata

½ cucchiaino. Peperoncino in polvere

contro Polvere di cumino

1/8 cucchiaino. Sale

Metodo

Unisci il mais, le uova a fette e le olive in una ciotola capiente. Unisci la maionese e gli altri ingredienti per il condimento in una ciotola media. Aggiungi la maionese alla miscela di mais. Mescolare bene in modo che tutte le verdure e il mais siano ricoperti di maionese. Copri la ciotola. Conservarlo in frigorifero per 2 ore. Servire fresco.

Godere!

Insalata di mais

ingredienti

6 chicchi mondati, lavati e scolati

3 pomodori grandi

1 cipolla, affettata sottilmente

¼ tazza di basilico, tritato

2 cucchiai. aceto bianco

¼ tazza di olio d'oliva

Sale e pepe a piacere

Metodo

Cuocere i semi in una pentola con acqua bollente, scolarli e metterli da parte in un luogo fresco. Tagliare i chicchi dalla pannocchia. Prendi una grande insalatiera. Unisci mais, basilico, cipolla, pomodori, aceto, sale, pepe e olio. Mescolare bene. Servito freddo.

Godere!

Insalata ungherese fresca

ingredienti

1 confezione di verdure miste surgelate, scongelate

1 tazza di cavolfiore

1/2 tazza di cipolle verdi affettate

1/2 tazza di olive ripiene di peperoncino, affettate

1/4 tazza di olio di canola

3 cucchiai. aceto bianco

1/4 cucchiaino. pepe

1 C. sale all'aglio

Metodo

Unisci le verdure surgelate, il cavolfiore, la cipolla e le olive in una ciotola capiente. Unisci l'olio, il sale all'aglio, l'aceto e il pepe nel frullatore. Versare la vinaigrette sul composto di verdure. Mescolare bene. Conservare in frigorifero 2 ore prima di servire. Servitelo in una bella ciotola.

Godere!

Una miscela perfetta di pomodoro, cetriolo e cipolla

ingredienti

2 cetrioli grandi, tagliati a metà e senza semi

1/3 di tazza di aceto di vino rosso

1 cucchiaio. zucchero bianco

1 C. sale

3 grandi pomodori schiacciati

2/3 tazza di cipolla rossa tritata grossolanamente

Metodo

Mescolare tutti gli ingredienti insieme e conservare in frigorifero per una notte. Servire fresco.

Godere!

Insalata classica di cetrioli

ingredienti

2 cetrioli grandi, sbucciati e affettati

1 cipolla dolce grande, affettata

2 cucchiai. sale

¼ tazza di carote tritate

1/3 di tazza di aceto

1 C. zenzero macinato

5 cucchiai. zucchero bianco

contro pepe nero grosso

Metodo

Mescolare tutti gli ingredienti insieme e marinare il cetriolo in frigorifero per

una notte. Servire fresco.

Godere!

Insalata di pomodorini

ingredienti

4 tazze di pomodorini, tagliati a metà

¼ di tazza di olio vegetale

3 cucchiai. aceto di mele

1 C. essiccato

1 C. basilico essiccato

1 C. origano secco

½ cucchiaino. sale

1 C. zucchero bianco

Metodo

Mescolare tutti gli ingredienti in una ciotola e mettere da parte in modo che

i pomodorini si ammorbidiscano un po'. Mescolare bene e servire subito.

Godere!

Insalata di asparagi

ingredienti

1 ½ libbra di asparagi, mondati e tagliati in pezzi da 2 pollici

1 cucchiaio. Aceto di riso

1 C. aceto di vino rosso

1 C. Salsa di soia

1 C. zucchero bianco

1 C. Senape di Digione

2 cucchiai. Olio di arachidi

1 cucchiaio. olio di sesamo

1 cucchiaio. semi di sesamo

Metodo

Mettete in un barattolo coperto l'aceto di riso, la salsa di soia, l'aceto di vino rosso, lo zucchero e la senape e mescolate bene. Aggiungere lentamente l'olio di arachidi e l'olio di sesamo, sbattendo continuamente fino a ottenere un composto omogeneo. Tienilo da parte. Cuocere gli asparagi in acqua bollente e scolarli. Metti gli asparagi in una ciotola capiente. Cospargerli con la vinaigrette. Cospargere con semi di sesamo e mescolare. Servire immediatamente.

Godere!

Pasta e fagioli dall'occhio in insalata

ingredienti

6 once di pasta piccola, cotta e scolata

1 lattina di piselli dall'occhio, sciacquati e scolati

1 tazza di cipolle verdi affettate

¾ tazza di cetriolo sbucciato e tagliato a dadini

¾ tazza di pomodori a cubetti

¾ tazza di peperone verde a dadini

1 piccolo peperoncino jalapeño, tritato finemente

Per preparare:

3 cucchiai. Olio di canola

¼ di tazza di aceto di vino rosso

1 C. Basilico essiccato

1 C. Salsa piccante

1 C. Peperoncino in polvere

1 C. Zucchero

½ cucchiaino. Sale stagionato

Metodo

Unisci pasta, piselli, cipolla verde, cetriolo, pomodoro, peperone verde e jalapeño in una ciotola. Mescolare la vinaigrette e condire con sale. Cospargere la vinaigrette sul composto di verdure. Mescolare bene. Servito freddo.

Godere!

Insalata di spinaci e barbabietole

ingredienti

Mezzo chilo di spinaci baby, lavati e asciugati

1 tazza di noci, tritate grossolanamente

2 cucchiai e mezzo. zucchero bianco

1/3 lattina di barbabietole sott'aceto

¼ di tazza di aceto di mele

½ cucchiaino. Polvere d'aglio

1 C. Granuli di brodo di pollo

4 once di formaggio di capra, tritato

½ cucchiaino. Pepe nero

½ cucchiaino. Sale

¼ di tazza di olio vegetale

Metodo

Caramellare le noci in un pentolino, scaldandole con un po' di zucchero a fuoco vivace. Unisci le barbabietole con l'aceto di sidro, l'aglio in polvere, i granuli di brodo, il sale, lo zucchero rimanente e il pepe in un robot da cucina. Versare l'olio e frullare nuovamente fino ad ottenere un composto omogeneo. Mescolare le noci ricoperte di zucchero e gli spinaci e cospargere la salsa. Cospargere di formaggio e servire subito.

Godere!

Insalata di patate con aceto balsamico

ingredienti

10 patate rosse, lessate e tagliate a cubetti

1 cipolla, affettata sottilmente

1 barattolo di cuori di carciofo tagliati in quarti

½ tazza di peperoni rossi, arrostiti e poi tagliati a dadini

1 lattina di olive nere

½ tazza di aceto balsamico

1 C. Origano secco

1 C. Basilico essiccato

½ cucchiaino. Senape in polvere

3 cucchiai. Olio d'oliva

2 cucchiai. Prezzemolo fresco

Metodo

Unisci tutti gli ingredienti in una ciotola e mescola bene in modo che tutti gli

ingredienti siano ricoperti di aceto. Conservare in frigorifero per 2-4 ore.

Servire fresco.

Godere!

Insalata di pomodori marinati

ingredienti

3 pomodori

2 cucchiai. Cipolla tritata

1 cucchiaio. Basilica fresca

1 cucchiaio. Prezzemolo fresco

½ spicchio d'aglio

1/3 di tazza di olio d'oliva

1/4 di tazza di aceto di vino rosso

1/4 cucchiaino. pepe

Sale a piacere

Metodo

Prendete un piatto bello grande e metteteci sopra i pomodorini. Prendete un barattolo coperto e metteteci dentro l'aceto, l'olio d'oliva, il basilico, il prezzemolo, l'aglio tritato e il pepe e agitate energicamente in modo che tutti gli ingredienti si amalgamino bene. Condire il composto con un pizzico di sale o a piacere. Versare il composto sui pomodori. Coprirlo adeguatamente e conservare in frigorifero durante la notte o per un minimo di 4 ore. Servito freddo.

Godere!

Gustosa insalata di broccoli

ingredienti

1 ½ libbre di broccoli freschi, tagliati a cimette

3 spicchi d'aglio

2 cucchiai. Succo di limone

2 cucchiai. Aceto di riso

½ cucchiaino. Senape di Digione

Fiocchi di peperoncino a piacere

1/3 di tazza di olio d'oliva

Sale e pepe nero appena macinato a piacere

Metodo

Versare un po 'd'acqua in una casseruola e aggiungere sale. Portare a ebollizione e aggiungere le cimette. Cuocere per circa 5 minuti e scolare. In una piccola ciotola aggiungere l'aglio, l'aceto, il succo di limone, la senape, l'olio e il peperoncino in scaglie e sbattere energicamente. Condire con sale e pepe. Versatelo sui broccoli e mescolate bene. Tenetelo a temperatura ambiente per 10 minuti poi mettetelo in frigorifero per 1 ora. Servitelo freddo.

Godere!

Insalata di mais con salsa italiana

ingredienti

1 lattina di mais integrale

1 tazza di pomodoro fresco, tritato finemente

1 tazza di cetriolo, sbucciato e tritato

½ tazza di sedano tritato

½ tazza di peperone verde o rosso dolce

2 cipolle verdi

½ tazza di condimento italiano

Metodo

Mettete il mais in una ciotola e aggiungete le verdure una alla volta.

Mescolare bene. Versare il condimento italiano in bottiglia e mescolare

nuovamente. Coprire e conservare in frigorifero per diverse ore. Servire

fresco.

Godere!

Insalata di asparagi e peperoni

ingredienti

1 ½ asparago fresco, tagliare le estremità e tagliarli a pezzetti

2 peperoni gialli, privati dei semi e affettati

¼ di tazza di fette di mandorle, tostate

1 cipolla rossa

3 cucchiai. Senape di Digione¼ tazza di olio d'oliva ½ tazza di parmigiano3 spicchi d'aglio tritati

2 cucchiai. Succo di lime2 cucchiai. Zucchero1 cucchiaino. salsa piccante

Miscela di condimento per insalata a piacere

Metodo

Prendete una teglia e disponete gli asparagi e i peperoni in un unico strato.

Cospargere l'olio d'oliva sulle verdure. Impostare a 400 gradi F o 200 gradi C

e preriscaldare il forno. Posizionare la teglia e arrostire per 8-10 minuti.

Girare le verdure di tanto in tanto. Raffreddare e trasferire le verdure in una

ciotola capiente. Aggiungere il formaggio, la cipolla, le mandorle tostate.

Sbattere l'olio d'oliva rimanente, la senape in polvere, lo zucchero, la salsa

piccante, il succo di lime e il condimento per l'insalata. Cospargere con le

verdure e mescolare. Servire immediatamente.

Godere!

Insalata di pomodori e basilico

ingredienti

3 tazze di riso cotto

1 cetriolo, senza semi e tagliato a cubetti

1 cipolla rossa

2 pomodori

2 cucchiai. Olio d'oliva

2 cucchiai. Aceto di mele

1 C. Basilica fresca

contro Pepe

½ cucchiaino. Sale

Metodo

Prendete una ciotola capiente e mettete il riso, il cetriolo, la cipolla, i pomodori e mescolateli insieme. In un barattolo coperto, unire insieme l'olio d'oliva, l'aceto di sidro, il basilico e mescolare energicamente. Aggiungere sale e pepe a piacere. Cospargere il composto di riso e mescolare bene. Refrigerare diverse ore prima di servire.

Godere!

Insalata da giardino colorata

ingredienti

5 cucchiai. aceto di vino rosso

3 cucchiai. Olio di semi d'uva

1/3 di tazza di coriandolo fresco tritato

2 lime

1 C. Zucchero bianco 2 spicchi d'aglio, tritati

1 confezione di semi di soia verde sgusciati congelati

1 lattina di fagioli neri

3 tazze di chicchi di mais congelati

1 litro di pomodorini, tagliati in quarti

4 cipolle verdi, affettate sottilmente

contro Sale

Metodo

Sbattere l'aceto, l'olio, il succo di lime, il coriandolo, l'aglio, lo zucchero e il sale in un barattolo coperto o in una ciotola capiente per formare una miscela omogenea. Tienilo da parte. Cuocere i semi di soia finché non saranno molto morbidi. Cuocere il mais per 1 minuto. Scolare i semi di soia e il mais dall'acqua e trasferirli in una ciotola capiente. Aggiungi la vinaigrette. Buttalo via con delicatezza. Aggiungete i pomodori, la cipolla al composto e mescolate. Coprire il composto. Conservare in frigorifero da 2 a 4 ore. Servire fresco.

Godere!

Insalata Di Funghi

ingredienti

1 chilo di funghi freschi

1 cipolla, affettata sottilmente e separata ad anelli

Peperone rosso dolce tritato finemente, una manciata

2/3 tazza di aceto di dragoncello

½ tazza di olio di canola

1 cucchiaio. Zucchero

1 spicchio d'aglio, tritato

Un pizzico di salsa di peperoncino

1 cucchiaino e ½. Sale

2 cucchiai. L'acqua

Metodo

Aggiungi tutte le verdure e gli altri ingredienti in una ciotola capiente, tranne i peperoni rossi, i funghi e la cipolla. Mescolateli bene. Aggiungete i funghi e la cipolla al composto e mescolate delicatamente fino ad amalgamare tutti gli ingredienti in modo uniforme. Coprire la ciotola e conservare in frigorifero per una notte o 8 ore. Cospargere il peperoncino rosso sull'insalata prima di servire.

Godere!

Insalata di quinoa, menta e pomodori

ingredienti

1 tazza e ¼ di quinoa 1/3 di tazza di uvetta 2 pomodori 1 cipolla tritata finemente

10 ravanelli ½ cetriolo, 1/2, a dadini

2 cucchiai. Mandorle a lamelle leggermente tostate

¼ tazza di menta fresca tritata

2 cucchiai. Prezzemolo fresco tritato finemente

1 C. cumino macinato¼ tazza di succo di lime2 cucchiai. Olio di sesamo2 tazze e ½ Acqua Sale qb

Metodo

Prendete un pentolino e aggiungete l'acqua e un pizzico di sale. Portare a ebollizione e aggiungere la quinoa e l'uvetta. Copritelo e lasciatelo cuocere a fuoco lento per 12-15 minuti. Toglietela dal fuoco e lasciatela raffreddare. Scolare la quinoa e trasferirla in una ciotola. In una ciotola media, mescolare insieme la cipolla, il ravanello, il cetriolo, le mandorle e i pomodori. Buttalo

via con delicatezza. Unire la quinoa. Conditelo con spezie, olio ed erbe

aromatiche. Aggiungi sale a piacere. Conservare in frigorifero per 2 ore.

Servire fresco.

Godere!

Ricetta insalata di crauti

ingredienti

1 lattina di crauti, lavati e ben scolati

1 tazza di carote grattugiate

1 tazza di peperone verde tritato finemente

1 vasetto di Pimientos, tagliato a dadini e scolato

1 tazza di sedano tritato finemente

1 tazza di cipolla tritata finemente

¾ tazza di zucchero

½ tazza di olio di canola

Metodo

Unisci tutti gli ingredienti in una ciotola capiente e mescola bene. Coprire la ciotola con un coperchio e conservare in frigorifero durante la notte o per 8 ore. Servire fresco.

Godere!

Insalata veloce di cetrioli

ingredienti

4 pomodori, tagliati in 8 spicchi

2 cetrioli grandi, sbucciati e tagliati a fette sottili

¼ tazza di coriandolo fresco tritato

1 cipolla rossa grande, affettata sottilmente

1 lime fresco, spremuto

Sale a piacere

Metodo

Metti le fette di cetriolo, i pomodori, la cipolla rossa e il coriandolo in una ciotola capiente e mescola bene. Aggiungere il succo di lime al composto e mescolare delicatamente in modo che tutte le verdure siano ricoperte dal succo di lime. Condire il composto con sale. Servire immediatamente o può essere servito dopo la refrigerazione.

Godere!

Fette di pomodoro con salsa cremosa

ingredienti

1 tazza di maionese

½ tazza metà e metà di panna

6 pomodori, a fette

1 cipolla rossa tagliata ad anelli sottili

contro Basilico essiccato

Qualche foglia di lattuga

Metodo

Mescolare la maionese e metà e metà della panna e frullare bene. Aggiungere metà del basilico. Coprire il composto e conservare in frigorifero. Prendete un piatto e foderatelo con foglie di lattuga. Disporre le fette di pomodoro e gli anelli di cipolla. Versare il condimento freddo sull'insalata. Quindi cospargere il resto del basilico. Servire immediatamente.

Godere!

Piatto di insalata di barbabietola

ingredienti

4 mazzi Barbabietole fresche piccole, decorticate

2 cespi di indivia belga

2 cucchiai. Olio d'oliva

Mix di lattuga primaverile da 1 libbra

1 cucchiaio. Succo di limone

2 cucchiai. aceto di vino bianco

1 cucchiaio. Mio caro

2 cucchiai. Senape di Digione

1 C. Timo essiccato

½ tazza di olio vegetale

1 tazza di formaggio feta sbriciolato

Sale e pepe a piacere

Metodo

Ricopri leggermente la barbabietola con olio vegetale. Arrostire per circa 45 minuti nel forno preriscaldato, a 450 gradi F o 230 gradi C. Sbucciare le barbabietole e tagliarle a cubetti. Unisci il succo di limone, la senape, il miele, l'aceto e il timo in un frullatore e frulla. Aggiungere gradualmente l'olio d'oliva mentre il frullatore è in funzione. Aggiungere sale e pepe a piacere. In un'insalatiera mettete la lattuga primaverile, una quantità sufficiente di vinaigrette e mescolate bene. Disporre l'indivia su un piatto. Aggiungi l'insalata verde. Completarlo con cubetti di barbabietola rossa e formaggio feta.

Godere!

Insalata di pollo e spinaci

ingredienti

5 tazze di pollo cotto, tagliato a cubetti

2 tazze di uva verde, tagliata a metà

1 tazza di taccole

2 tazze di spinaci strappati confezionati

2 tazze e ½ di sedano a fette sottili

7 0z. pasta cotta a spirale o maccheroni al gomito

1 vasetto Cuori di carciofi marinati

½ cetriolo

3 cipolle verdi affettate con cime

Foglie grandi di spinaci, facoltative

Fette d'arancia, facoltative

Per preparare:

½ tazza di olio di canola

¼ tazza) di zucchero

2 cucchiai. aceto di vino bianco

1 C. Sale

½ cucchiaino. Cipolla tritata secca

1 C. Succo di limone

2 cucchiai. Prezzemolo fresco tritato

Metodo

Unisci pollo, piselli, spinaci, uva, sedano, cuori di carciofo, cetriolo, cipolla verde e pasta cotta in una grande ciotola e mescola per unire. Coprire e conservare in frigorifero per alcune ore. Unisci gli altri ingredienti rimanenti in una ciotola separata e conserva in frigorifero in un contenitore coperto. Preparate la vinaigrette poco prima di servire l'insalata mescolando tutti gli ingredienti e sbattendo bene. Mescolare i componenti, amalgamare bene e servire subito.

Godere!

Insalata di cetrioli tedesca

ingredienti

2 grandi cetrioli tedeschi, tagliati a fettine sottili

½ cipolla affettata

1 C. Sale

½ tazza di panna acida

2 cucchiai. zucchero bianco

2 cucchiai. aceto bianco

1 C. Aneto essicato

1 C. Prezzemolo secco

1 C. Metodo alla paprika

Disporre i cetrioli e gli anelli di cipolla in un piatto. Salare le verdure e

mettere da parte per almeno 30 minuti. Spremere il succo in eccesso dai

cetrioli dopo la marinatura. Mescolare in una ciotola la panna acida, l'aceto, l'aneto, il prezzemolo e lo zucchero in un composto di aceto, aneto e

prezzemolo. Ricoprire le fette di cetriolo e cipolla in questa vinaigrette.

Conservare in frigorifero per una notte o almeno per 8 ore. Poco prima di

servire, cospargere l'insalata con la paprika.

Godere!

Insalata di agrumi colorata con condimento unico

ingredienti

1 lattina di mandarini¼ di tazza Prezzemolo fresco tritato finemente

Foglia di lattuga, facoltativa

½ pompelmo sbucciato e tagliato a metà

½ cetriolo piccolo

1 pomodoro a fette piccole

½ cipolla rossa piccola

½ cucchiaino. zucchero di canna

3 cucchiai. Vinaigrette francese o italiana

1 C. Succo di limone

1 pizzico di dragoncello essiccato

1 C. Basilico essiccato

contro Pepe

Metodo

Mettete le arance in una piccola ciotola dopo aver scolato il loro succo e mettetele da parte. Prenota il succo. Prendi una piccola ciotola e aggiungi il prezzemolo, il basilico, il dragoncello, la vinaigrette, il succo di limone, il succo d'arancia, lo zucchero di canna e il pepe. Sbattere il composto fino a che liscio. Disporre le foglie di lattuga su un piatto. Disporre i frutti uno per uno. Versare la vinaigrette sulla frutta e servire.

Godere!

Insalata di patate, carote e barbabietola

ingredienti

2 barbabietole, bollite e affettate

4 patate piccole, lessate e tagliate a cubetti

2 carote piccole, bollite e affettate

3 cipolle verdi, tritate

3 piccoli sottaceti all'aneto, tagliati a dadini

¼ di tazza di olio vegetale

2 cucchiai. Aceto di spumante

Sale a piacere

Metodo

Unire tutti gli ingredienti e mescolare bene per amalgamare i sapori.

Conservare in frigorifero per qualche ora e servire freddo.

Prendi piacere

Insalata di pollo condita con prosciutto

ingredienti

1 fetta di pane a lievitazione naturale da 1 oncia, tagliata a cubetti da 1/2

pollice

Spray da cucina

1/4 cucchiaino. basilico essiccato

1 pizzico di aglio in polvere

1 cucchiaio e mezzo. olio extravergine di oliva, diviso

1 oncia di fette molto sottili di prosciutto, tritate

1 cucchiaio. succo di limone fresco

1/8 cucchiaino. sale

Pacchetti da 1,5 once di rucola baby

3/4 once di formaggio Asiago, grattugiato e diviso, circa 1/3 di tazza

3 once di petto di pollo arrosto senza pelle e disossato

1/2 tazza di pomodorini, tagliati a metà

Metodo

Mantieni il forno preriscaldato a 425 gradi F. Ungi leggermente una teglia

con spray da cucina e posizionaci sopra i cubetti di pane in un unico strato.

Cospargere con l'aglio in polvere e aggiungere il basilico e mescolare bene.

Infilare nel forno preriscaldato e cuocere per 10 minuti o fino a quando il

pane sarà croccante. In una padella antiaderente ampia, aggiungere un filo

d'olio e far rosolare il prosciutto fino a renderlo croccante. Togliere dalla

padella e scolare. Unisci l'olio rimanente, il succo di limone e il sale in una

ciotola. In una ciotola capiente mettete la rucola, metà del formaggio e il

succo, mescolate e amalgamate bene. Al momento di servire, condire l'insalata con il pollo, il prosciutto croccante, i pomodori, il formaggio

rimasto e i crostini, mescolare e servire.

Deliziosa insalata di rucola condita con gamberetti

ingredienti

2 tazze di rucola baby confezionata senza stringere

1/2 tazza di peperone rosso, tagliato a julienne

1/4 tazza di carote, tagliate a julienne

1 1/2 cucchiaino. olio extravergine di oliva, diviso

1 C. rosmarino fresco tritato

1/4 cucchiaino. peperoni rossi in polvere

1 spicchio d'aglio, affettato sottilmente

8 gamberi grandi, sgusciati e privati dei peli

1 1/2 cucchiaino. aceto balsamico bianco

Metodo

In una ciotola capiente, unire la rucola, il peperoncino e le carote. In una padella grande, aggiungi circa 1 cucchiaio. di olio e scaldarlo a fuoco medio. Mettete nella padella il peperone, l'aglio e il rosmarino e fate cuocere fino a quando l'aglio si sarà ammorbidito. Aggiungere i gamberi e aumentare la fiamma. Cuocere fino a quando i gamberetti saranno cotti. Metti i gamberetti in una ciotola. Nella padella, aggiungere l'olio rimanente e l'aceto e scaldare fino a quando diventa caldo. Versare questo composto sopra il composto di rucola e mescolare finché il condimento non ricopre le verdure. Completare l'insalata con i gamberi e servire immediatamente.

Godere!

Insalata Cobb con gamberi

ingredienti

2 fette di pancetta tagliata al centro

Gamberetti grandi da 1/2 libbra, sbucciati e privati dei peli

1/4 cucchiaino. paprica

1/8 cucchiaino. Pepe nero

Spray da cucina

1/8 cucchiaino. sale fino

1 1/4 cucchiaino. succo di limone fresco

3/4 cucchiaini. olio extravergine d'oliva

1/4 cucchiaino. senape di Digione integrale

Confezione da 1/2 confezione da 10 once di lattuga romana

1 tazza di pomodorini, tagliati in quarti

1/2 tazza di carote grattugiate

1/2 tazza di mais integrale congelato, scongelato

1/2 avocado maturo sbucciato, tagliato in 4 spicchi

Metodo

Rosolare la pancetta in una padella fino a renderla croccante. Tagliare

longitudinalmente. Pulisci la padella e spruzzala con spray da cucina. Riporta

la padella sul fuoco e scalda a fuoco medio. Mescolare i gamberi con pepe e

paprika. Aggiungere i gamberi nella padella e cuocere fino al momento.

Cospargete un po' di sale e mescolate bene. In una piccola ciotola, unire il

succo di limone, l'olio, il sale e la senape. Unisci la lattuga, i gamberi, i

pomodori, la carota, il mais, l'avocado e la pancetta in una ciotola e condisci

con il condimento. Mescolare bene e servire subito.

Godere!

Insalata di melone e prosciutto

ingredienti

1 tazza e 1/2 di melone, cubetti da 1/2 pollice

1 tazza e 1/2 di melone, cubetti da 1/2 pollice

1 cucchiaio. menta fresca tritata

1/2 cucchiaino. succo di limone fresco

1/8 cucchiaino. Pepe nero appena macinato

1 oncia di prosciutto tagliato a fette sottili, tagliato a listarelle sottili

1/4 di tazza, 2 once di Parmigiano-Reggiano fresco grattugiato

Pepe nero macinato, facoltativo

Rametti di menta, facoltativi

Metodo

Unisci tutti gli ingredienti in una ciotola capiente e mescola bene fino a

quando non saranno ben ricoperti. Servire guarnito con qualche rametto di

pepe e menta. Servire immediatamente.

Godere!

Insalata di mais e fagioli bianchi

ingredienti

1 cespo di scarola, tagliato in quarti nel senso della lunghezza e sciacquato

Spray da cucina

1 oncia di pancetta, tritata

1/2 zucchina media, tagliata in quarti e tagliata a julienne

1/2 spicchio d'aglio, tritato

1/2 tazza di chicchi di mais freschi

1/4 tazza di prezzemolo fresco a foglia piatta tritato

1/2 lattina da 15 once di fagioli bianchi, sciacquati e scolati

1 cucchiaio. aceto di vino rosso

1/2 cucchiaino. olio extravergine d'oliva

1/4 cucchiaino. Pepe nero

Metodo

Cuocere la scarola in una padella capiente a fuoco medio per 3 minuti o finché non inizia ad appassire attorno ai bordi. Pulisci la padella e ricoprila con un po' di spray da cucina. Scaldarlo a fuoco medio-alto e aggiungere la pancetta, le zucchine e l'aglio e rosolarli fino a renderli morbidi. Aggiungere il mais e cuocere per un altro minuto. Unisci il composto di mais e la scarola in una ciotola capiente. Aggiungete il prezzemolo e l'aceto e mescolate bene. Aggiungere gli ingredienti rimanenti e mescolare bene. Servire.

Godere!

Insalata di gamberi tailandesi

ingredienti

2 once di linguine crude

6 once di gamberetti medi, sbucciati e privati

1/4 tazza di succo di lime fresco

1/2 cucchiaio. zucchero

1/2 cucchiaio. Sriracha, salsa di peperoncino piccante, come Huy Fong

1/2 cucchiaino. salsa di pesce

2 tazze di lattuga romana strappata

3/4 tazza di cipolla rossa, tagliata verticalmente

1/8 tazza di carote, tagliate a julienne

1/4 tazza di foglie di menta fresca tritate

1/8 di tazza di coriandolo fresco tritato

3 cucchiai. anacardi tostati secchi tritati, non salati

Metodo

Preparare la pasta secondo le indicazioni sulla confezione. Quando la pasta sarà quasi cotta, aggiungere i gamberetti e cuocere per 3 minuti. Scolare e mettere in uno scolapasta. Fateci scorrere sopra dell'acqua fredda. In una ciotola, unire il succo di limone, lo zucchero, la Sriracha e la salsa di pesce. Mescolare finché lo zucchero non si scioglie. Aggiungere tutti gli ingredienti tranne gli anacardi. Mescolare bene. Guarnire con anacardi e servire subito.

Godere!

Deliziosa insalata con vinaigrette piccante all'ananas

ingredienti

Petto di pollo senza pelle e disossato da 1/2 libbra

1/2 cucchiaino. peperoncino in polvere

1/4 cucchiaino. sale

Spray da cucina

3/4 tazza di ananas fresco a cubetti da 1 pollice, circa 8 once, diviso

1 cucchiaio. coriandolo fresco tritato

1 cucchiaio. succo d'arancia fresco

2 cucchiai. aceto di mele

1/4 cucchiaino. pepe habanero tagliato a fettine sottili

1/2 spicchio d'aglio grande

1/8 di tazza di olio extra vergine di oliva

1/2 tazza di jicama, sbucciata e tagliata a julienne

1/3 di tazza di peperone rosso tagliato a fettine sottili

1/4 tazza di cipolla rossa tritata

Confezione da 1/2 5 once di spinaci freschi, circa 4 tazze

Metodo

Pestate il pollo fino ad ottenere uno spessore uniforme e cospargetelo con sale e peperoncino in polvere. Spruzzare un po' di spray da cucina sul pollo, posizionarlo su una griglia preriscaldata e cuocere fino a cottura ultimata. Accantonare. Metti metà dell'ananas, del succo d'arancia, del coriandolo, dell'habanero, dell'aglio e dell'aceto in un frullatore e frulla fino ad ottenere un composto omogeneo. Aggiungere lentamente l'olio d'oliva e continuare a mescolare finché il composto non sarà ben amalgamato e addensato.

Mescolare gli ingredienti rimanenti in una ciotola capiente. Aggiungere il pollo e mescolare bene. Versare la vinaigrette e mescolare fino a quando tutti gli ingredienti saranno ben ricoperti dalla vinaigrette. Servire immediatamente.

Godere!

Insalata di pollo alla griglia e rucola

ingredienti

8 metà di petto di pollo senza pelle e disossate da 6 once

1/2 cucchiaino. sale

1/2 cucchiaino. Pepe nero

Spray da cucina

10 tazze di rucola

2 tazze di pomodorini multicolori, tagliati a metà

1/2 tazza di cipolla rossa tritata

1/2 tazza di condimento di olio d'oliva e aceto, diviso

20 olive Kalamata snocciolate, tritate

1 tazza di formaggio di capra sbriciolato

Metodo

Condire il petto di pollo con sale e pepe. Spruzzare una bistecchiera con spray da cucina e scaldarla a fuoco medio-alto. Metti il pollo nella padella e cuoci fino a cottura. Accantonare. In una ciotola unire i pomodori, la rucola, la cipolla, le olive e 6 cucchiai. cerotto. Spennellate la restante vinaigrette sul pollo e tagliatelo a fette. Unisci il composto di pollo e rucola e mescola bene. Servire immediatamente.

Godere!

Insalata di pasta ai crostacei con vinaigrette al

latticello ed erba cipollina

ingredienti

2 tazze di pasta cruda ai crostacei

2 tazze di piselli surgelati

1/2 tazza di maionese di canola biologica

1/2 tazza di latticello senza grassi

2 cucchiai. erba cipollina fresca tritata

2 cucchiai. timo fresco tritato

1 C. sale

1 C. Pepe nero appena macinato

4 spicchi d'aglio, tritati

4 tazze di rucola baby leggermente confezionata

2 cucchiai. olio d'oliva

4 once di prosciutto tritato finemente, circa 1/2 tazza

Metodo

Preparare la pasta secondo le indicazioni del produttore. Quando la pasta

sarà quasi cotta aggiungete i piselli e fate cuocere per 2 minuti. Scolare e

immergere in acqua fredda. Scolare nuovamente. In una ciotola unire la

maionese, il latticello, l'erba cipollina, il timo, il sale, il pepe e l'aglio e

mescolare bene. Aggiungete la pasta, i piselli e la rucola e mescolate bene.

Friggere il prosciutto in una padella a fuoco medio-alto fino a renderlo

croccante. Cospargere con l'insalata e servire.

Godere!

Salmerino alpino con vinaigrette di pomodoro

ingredienti

8 filetti di salmerino alpino da 6 once

1 1/2 cucchiaino. sale fino

1 C. pepe nero, diviso

Spray da cucina

8 cucchiai. aceto balsamico

4 cucchiai. olio extravergine d'oliva

4 cucchiai. scalogno tritato

2 pinte di pomodorini, tagliati a metà

10 tazze di rucola non confezionata

4 cucchiai. pinoli, tostati

Metodo

Condire i filetti di salmerino alpino con un po' di sale e pepe. Cuoceteli in padella per circa 4 minuti su entrambi i lati. Togliere i filetti dalla padella e coprire con carta assorbente. Pulite la padella dai suoi succhi. Versare l'aceto in una piccola ciotola. Aggiungere gradualmente l'olio e frullare finché non si addensa. Aggiungere gli scalogni e mescolare bene. Aggiungere i pomodori, sale e pepe nella padella e scaldare a fuoco alto e cuocere fino a quando i pomodori si saranno ammorbiditi. Aggiungere la vinaigrette e mescolare bene. Al momento di servire, disporre sul piatto un letto di rucola, adagiare il salmerino alpino e versare sopra ogni filetto il composto di pomodoro. Decorare con qualche noce e servire subito.

Godere!

Deliziosa insalata di granchio

ingredienti

2 cucchiai. scorza di limone grattugiata

10 cucchiai. succo di limone fresco, diviso

2 cucchiai. olio extravergine d'oliva

2 cucchiai. Mio caro

1 C. Senape di Digione

1/2 cucchiaino. sale

1/4 cucchiaino. Pepe nero appena macinato

2 tazze di chicchi di mais freschi, circa 2 pannocchie

1/2 tazza di foglie di basilico tritate

1/2 tazza di peperoncino rosso tritato

4 cucchiai. cipolla rossa tritata finemente

2 libbre di polpa di granchio, pezzi di guscio rimossi

16 fette di pomodori maturi a forma di bistecca spesse 1/4 di pollice

4 tazze di pomodorini, tagliati a metà

Metodo

In una grande ciotola, unire la crosta, 6 cucchiai. succo di limone, olio

d'oliva, miele, senape, sale e pepe. Rimuovere circa 3 cucchiai. di questo

composto e mettere da parte. Aggiungi i restanti 6 cucchiai. succo di limone,

mais, basilico, peperoncino, cipolla rossa e polpa di granchio al composto di

succo rimasto e mescolare bene. Aggiungete i pomodorini ed i pomodorini e

mescolate bene. Poco prima di servire, versateci sopra il succo conservato e

servite subito.

Godere!

Insalata Di Pollo Orzo

ingredienti

1 tazza di orzo crudo

1/2 cucchiaino. scorza di limone grattugiata

6 cucchiai. succo di limone fresco

2 cucchiai. olio extravergine d'oliva

1 C. sale kosher

1 C. aglio tritato

1/2 cucchiaino. Mio caro

1/4 cucchiaino. Pepe nero appena macinato

2 tazze di petto di pollo arrosto disossato e senza pelle

1 tazza di cetriolo inglese a dadini

1 tazza di peperoncino rosso

2/3 tazza di cipolle verdi affettate sottilmente

2 cucchiai. aneto fresco tritato

1 tazza di formaggio di capra sbriciolato

Metodo

Preparare l'orzo secondo le istruzioni del produttore. Scolatele e immergetele in acqua fredda, scolatele nuovamente e mettetele in una ciotola capiente. Unisci la scorza di limone, il succo di limone, l'olio, il kosher, l'aglio, il miele e il pepe in una ciotola. Sbattere insieme fino a quando combinato. Versare questo composto sulla pasta preparata e mescolare bene. Mescolare il pollo, il cetriolo, il peperoncino, le cipolle verdi e l'aneto. Mescolare bene. Guarnire con formaggio e servire subito.

Godere!

Insalata di halibut e pesche

ingredienti

6 cucchiai. olio extravergine di oliva, diviso

8 filetti di ippoglosso da 6 once

1 C. sale kosher, diviso

1 C. pepe nero appena macinato, diviso

4 cucchiai. menta fresca tritata

4 cucchiai. succo di limone fresco

2 cucchiai. sciroppo d'acero

12 tazze di spinaci novelli

4 pesche medie, tagliate a metà e affettate

1 cetriolo inglese, tagliato a metà nel senso della lunghezza e affettato

1/2 tazza di mandorle a scaglie tostate

Metodo

Cospargere i filetti di ippoglosso con un po' di sale e pepe. Disporre il pesce su una padella riscaldata e cuocerlo su entrambi i lati per 6 minuti o fino a quando il pesce si sfalda leggermente quando viene tagliato con una forchetta. In una ciotola capiente, unisci sale, pepe, olio, succo di limone, menta e sciroppo d'acero e sbatti fino ad ottenere un composto omogeneo. Aggiungete gli spinaci novelli, le pesche e il cetriolo e mescolate bene. Al momento di servire, servire il filetto su un letto di insalata e guarnire con qualche mandorla.

Godere!

Insalata di barbabietole e formaggio blu

ingredienti

2 tazze di foglie di menta fresca strappate

2/3 tazza di cipolla rossa, tagliata a fette sottili verticalmente

Confezione da 2,6 once di cavolo riccio

1/2 tazza di yogurt greco bianco a basso contenuto di grassi al 2%.

4 cucchiai. latticello senza grassi

4 cucchiai. aceto di vino bianco

3 cucchiai. olio extravergine d'oliva

1/2 cucchiaino. sale kosher

1/2 cucchiaino. Pepe nero appena macinato

8 grandi uova sode, tagliate in quarti nel senso della lunghezza

Confezione da 2,8 once di barbabietole sbucciate e cotte al vapore, tagliate

in quarti

1 tazza di noci tritate grossolanamente

4 once di formaggio blu, sbriciolato

Metodo

In una grande ciotola, unisci cipolla, cavolo riccio, uova, barbabietole e

menta. In un'altra ciotola, unire yogurt greco, latticello, aceto, olio, sale e

pepe. Frullare finché tutti gli ingredienti non saranno ben incorporati. Poco

prima di servire, condire l'insalata con la vinaigrette e servire con noci e

formaggio.

Insalata verde italiana

ingredienti

4 tazze di lattuga romana strappata, lavata e asciugata

2 tazze di scarola spezzettata

2 tazze di radicchio spezzettato

2 tazze di lattuga a foglia rossa strappata

1/2 tazza di cipolle verdi tritate

1 peperone rosso, tagliato a fette

1 peperone verde, tagliato a rondelle

24 pomodorini

1/2 tazza di olio di vinaccioli

1/4 tazza di basilico fresco tritato

1/2 tazza di aceto balsamico

1/4 tazza di succo di limone

Sale e pepe a piacere

Metodo

Per l'insalata: unire in una ciotola la lattuga romana, la scarola, la lattuga a

foglia rossa, il radicchio, le cipolle verdi, i pomodorini, il peperone verde e il

peperoncino.

Per la vinaigrette: in una piccola ciotola, unire il basilico, l'aceto balsamico,

l'olio di vinaccioli, il succo di limone e mescolare bene. Condire con sale e

pepe.

Poco prima di servire, versare il condimento sull'insalata e mescolare bene

per ricoprirla. Servire immediatamente.

Godere!

Insalata di broccoli e mirtilli rossi

ingredienti

1/4 di tazza di aceto balsamico

2 cucchiai. Senape di Digione

2 cucchiai. sciroppo d'acero

2 spicchi d'aglio, tritati

1 C. Scorza di limone grattugiata

Sale e pepe a piacere

1 tazza di olio di canola

2 confezioni da 16 once di mix di broccoli

1 tazza di mirtilli rossi secchi

1/2 tazza di cipolle verdi tritate

1/2 tazza di noci pecan tritate

Metodo

Versare l'aceto in una ciotola di medie dimensioni. Aggiungere la senape di Digione, l'aglio, la scorza di limone e lo sciroppo d'acero. Sbattere bene e versare gradualmente l'olio e frullare fino ad ottenere un composto omogeneo. Aggiungi l'insalata di broccoli, le cipolle verdi, i mirtilli rossi secchi e la cipolla in una grande ciotola. Versare la vinaigrette sull'insalata e mescolare bene. Riponete in frigorifero e lasciate riposare per mezz'ora. Decorare con le noci pecan e servire subito.

Godere!

Deliziosa insalata Marconi

ingredienti

2 tazze di maccheroni al gomito crudi

1/2 tazza di maionese

2 cucchiai. Aceto bianco distillato

1/3 di tazza di zucchero bianco

1 cucchiaio. e 3/4 cucchiaini. senape gialla preparata

3/4 cucchiaini. sale

1/4 cucchiaino. Pepe nero macinato

1/2 cipolla grande, tritata

1 gambo di sedano, tritato

1/2 peperone verde, senza semi e tritato

2 cucchiai. carota grattugiata, facoltativa

1 cucchiaio. peperoncino tritato, facoltativo

Metodo

Preparare i maccheroni secondo le istruzioni del produttore. Scolare,
immergere in acqua fredda e scolare nuovamente. Unisci maionese,
zucchero, senape, aceto, pepe e sale in una ciotola capiente. Aggiungete il
peperone verde, il sedano, il peperoncino, la carota e i maccheroni e
mescolate bene. Conservare in frigorifero per una notte prima di servire.

Godere!

Insalata di patate e pancetta

ingredienti

1 libbra di patate rosse novelle pulite e lavate

3 uova

Pancetta da 1/2 libbra

1/2 cipolla, tritata finemente

1/2 gambo di sedano, tritato finemente

1 tazza di maionese

Sale e pepe a piacere

Metodo

Cuocere le patate in acqua bollente finché saranno tenere. Scolare e

raffreddare in frigorifero. Lessare le uova sode in acqua bollente,

immergerle in acqua fredda, sbucciarle e tritarle. Rosolare la pancetta in una

padella. Scolare e sbriciolare in pezzi più piccoli. Tagliare le patate fredde a

pezzetti. Mescolate tutti gli ingredienti in una ciotola capiente. Servire

fresco.

Godere!

Insalata di lattuga Roquefort

ingredienti

2 cespi di lattuga tagliati a pezzetti

6 pere: sbucciate, senza semi e tritate

10 once di formaggio Roquefort, sbriciolato

2 avocado: sbucciati, snocciolati e tagliati a cubetti

1 tazza di cipolle verdi affettate sottilmente

1/2 tazza di zucchero bianco

1 tazza di noci pecan

2/3 tazza di olio d'oliva

1/4 di tazza e 2 cucchiai. aceto di vino rosso

1 cucchiaio. zucchero bianco

1 cucchiaio. senape preparata

2 spicchi d'aglio, tritati

1 C. sale

Pepe nero macinato fresco a piacere

Metodo

Aggiungi 1/2 tazza di zucchero con le noci pecan nella padella. Cuocere a fuoco medio fino a quando lo zucchero si scioglie e le noci pecan si caramellano. Versare lentamente il composto su carta oleata e lasciare raffreddare. Spezzarlo e metterlo da parte. Versare l'olio d'oliva, l'aceto di vino rosso, 1 cucchiaio. zucchero, senape, aglio, pepe e sale in un robot da cucina e frullare fino a incorporare tutti gli ingredienti. In una grande insalatiera, aggiungere tutti gli ingredienti rimanenti e versare la vinaigrette. Mescola bene per ricoprire. Guarnire con noci pecan caramellate e servire.

Godere!

Insalata di tonno

ingredienti

2 lattine da 7 once di tonno bianco, scolato e in scaglie

3/4 tazza di maionese o condimento per l'insalata

2 cucchiai. formaggio Parmigiano

1/4 di tazza e 2 cucchiai. dolce condimento di sottaceti

1/4 cucchiaino. fiocchi di cipolla secca tritata

1/2 cucchiaino. Curry in polvere

2 cucchiai. prezzemolo secco

2 cucchiai. aneto essicato

2 pizzichi di aglio in polvere

Metodo

Aggiungi il tonno bianco, la maionese, il parmigiano, il condimento dolce di

sottaceti e le cipolle sottaceto in una ciotola media. Mescolare bene.

Cospargere con curry in polvere, prezzemolo, aneto e aglio in polvere e

mescolare bene. Servire immediatamente.

Godere!

Insalata di pasta antipasto

ingredienti

2 chili di pasta ai crostacei

Salame genovese da 1/2 libbra, tritato

Salsiccia di peperoni da 1/2 libbra, tritata

1 libbra di formaggio Asiago, tagliato a dadini

2 lattine da 6 once di olive nere, scolate e tritate

2 peperoni rossi, tagliati a dadini

2 peperoni verdi, tritati

6 pomodori, tagliati

2 confezioni (0,7 once) di mix di condimenti italiani secchi

1-1/2 tazza di olio extra vergine di oliva

1/2 tazza di aceto balsamico

1/4 tazza di origano secco

2 cucchiai. prezzemolo secco

2 cucchiai. Parmigiano grattugiato

Sale e pepe nero macinato a piacere

Metodo

Cuocere la pasta secondo le indicazioni del produttore. Scolare e immergere in acqua fredda. Scolare nuovamente. Aggiungi la pasta, i peperoni, il salame, le olive nere, il formaggio Asiago, i pomodori, il peperoncino e il peperone verde in una ciotola capiente. Mescolare bene. Cospargere la miscela di vinaigrette sul composto e mescolare bene. Coprire con pellicola trasparente e conservare in frigorifero.

Per la vinaigrette: versare in una ciotola l'olio d'oliva, l'origano, l'aceto balsamico, il parmigiano, il prezzemolo, il pepe e il sale. Sbattere bene fino a quando combinato. Poco prima di servire, versare il condimento sull'insalata e mescolare per ricoprire. Servire immediatamente.

Godere!

Insalata di pollo con pasta al sesamo

ingredienti

1/2 tazza di semi di sesamo

2 confezioni da 16 once di pasta con papillon

1 tazza di olio vegetale

2/3 tazza di salsa di soia leggera

2/3 tazza di aceto di riso

2 cucchiai. olio di sesamo

1/4 di tazza e 2 cucchiai. zucchero bianco

1 C. zenzero macinato

1/2 cucchiaino. Pepe nero macinato

6 tazze di petto di pollo cotto e sminuzzato

2/3 tazza di coriandolo fresco tritato

2/3 tazza di cipolla verde tritata

Metodo

Tostare leggermente i semi di sesamo in una padella a fuoco medio-alto

finché l'aroma non riempie la cucina. Accantonare. Cuocere la pasta

secondo le indicazioni del produttore. Scolatele, immergetele in acqua

fredda, scolatele e mettetele in una ciotola. Mescolare olio vegetale, aceto

di riso, salsa di soia, zucchero, olio di sesamo, zenzero, pepe e semi di

sesamo fino ad incorporare tutti gli ingredienti. Versare il condimento

preparato sulla pasta e mescolare bene finché il condimento non ricopre la

pasta. Aggiungere le cipolle verdi, il coriandolo e il pollo e mescolare bene.

Servire immediatamente.

Godere!

Insalata Di Patate Tradizionale

ingredienti

10 patate

6 uova

2 tazze di sedano tritato

1 tazza di cipolla tritata

1 tazza di salsa di sottaceti dolci

1/2 cucchiaino. sale all'aglio

1/2 cucchiaino. sale al sedano

2 cucchiai. senape preparata

Pepe nero macinato a piacere

1/2 tazza di maionese

Metodo

Cuocere le patate in una pentola con acqua bollente salata finché saranno

tenere, ma non molli. Scolare l'acqua e sbucciare le patate. Tagliare a

pezzetti. Lessare le uova sode, sbucciarle e tritarle. Mescolare

delicatamente tutti gli ingredienti insieme in una ciotola capiente. Non

essere troppo duro o finirai per schiacciare le patate e le uova. Servire

fresco.

Godere!

Tabbouleh

ingredienti

4 tazze d'acqua

2 tazze di quinoa

2 pizzichi di sale

1/2 tazza di olio d'oliva

1 C. sale marino

1/2 tazza di succo di limone

6 pomodori, tagliati a cubetti

2 cetrioli, tagliati a dadini

4 mazzi di cipolle verdi, tagliate a dadini

4 carote, grattugiate

2 tazze di prezzemolo fresco, tritato

Metodo

Far bollire l'acqua in una pentola. Aggiungete un pizzico di sale e la quinoa.

Coprite la padella con un coperchio e lasciate cuocere il liquido per circa 15-

20 minuti. Una volta cotta toglietela dal fuoco e mescolatela con una

forchetta per farla raffreddare più velocemente. Mentre la quinoa si

raffredda, mettete gli ingredienti rimanenti in una ciotola capiente.

Aggiungere la quinoa raffreddata e mescolare bene. Servire

immediatamente.

Godere!

Insalata congelata

ingredienti

2 tazze di yogurt

2 tazze di crème fraîche

1 tazza di maccheroni cotti

2-3 peperoncini, tritati

3 cucchiai. coriandolo tritato

3 cucchiai. zucchero

Sale a piacere

Metodo

Unisci tutti gli ingredienti in una grande ciotola e mettila in frigorifero per una notte. Servire fresco.

Godere!

Insalata di fragole e feta

ingredienti

1/2 tazza di mandorle a scaglie

1 spicchio d'aglio, tritato

1/2 cucchiaino. Mio caro

1/2 cucchiaino. Senape di Digione

2 cucchiai. aceto di lamponi

1 cucchiaio. aceto balsamico

1 cucchiaio. zucchero di canna

1/2 tazza di olio vegetale

1/2 cespo di lattuga romana, spezzettato

1 tazza di fragole fresche, affettate

1/2 tazza di formaggio feta sbriciolato

Metodo

Tostare le mandorle in una padella a fuoco medio. Accantonare. Mescolare in una ciotola il miele, l'aglio, la senape, entrambi gli aceti, l'olio vegetale e lo zucchero di canna. Mescolare tutti gli ingredienti con le mandorle tostate in un'insalatiera capiente. Versare la vinaigrette appena prima di servire, mescolare bene per ricoprire e servire immediatamente.

Godere!

Insalata rinfrescante di cetrioli

ingredienti

2 cetrioli grandi, tagliati a pezzi da ½ pollice

1 tazza di yogurt intero

2 cucchiai. aneto tritato finemente

Sale a piacere

Metodo

Sbattere lo yogurt fino a renderlo liscio. Aggiungere il cetriolo, l'aneto e il

sale e mescolare bene. Conservare in frigorifero per una notte e servire

guarnito con un po' di aneto.

Godere!

Insalata colorata

ingredienti

2 tazze di chicchi di mais, bolliti

1 peperone verde, tagliato a dadini

1 peperone rosso, tagliato a dadini

1 peperone giallo, tagliato a dadini

2 pomodori, senza semi, a dadini

2 patate, bollite, a dadini

1 tazza di succo di limone

2 cucchiai. polvere secca di mango

Sale a piacere

2 cucchiai. coriandolo, tritato, per guarnire

Metodo

Unisci tutti gli ingredienti tranne il coriandolo in una grande ciotola. Condire

come desiderato. Refrigerare durante la notte. Guarnire con coriandolo

appena prima di servire.

Godere!

Insalata di ceci

ingredienti

1 lattina da 15 once di ceci, scolati

1 cetriolo, tagliato a metà nel senso della lunghezza e affettato

6 pomodorini, tagliati a metà

1/4 cipolla rossa, tritata

1 spicchio d'aglio, tritato

1/2 lattina da 15 once di olive nere, scolate e tritate

1/2 oncia di formaggio feta sbriciolato

1/4 tazza di condimento italiano

1/4 limone, spremuto

1/4 cucchiaino. sale all'aglio

1/4 cucchiaino. Pepe nero macinato

1 cucchiaio. crema per guarnire

Metodo

Mescolare tutti gli ingredienti in una ciotola capiente e riporre in frigorifero

per almeno 3 ore prima di servire.

Unisci fagioli, cetrioli, pomodori, cipolla rossa, aglio, olive, formaggio,

vinaigrette, succo di limone, aglio, sale e pepe. Mescolare e conservare in

frigorifero 2 ore prima di servire. Servire fresco. Servire condito con panna.

Godere!

Insalata piccante di avocado e cetrioli

ingredienti

4 cetrioli medi, tagliati a cubetti

4 avocado, tagliati a cubetti

1/2 tazza di coriandolo fresco tritato

2 spicchi d'aglio, tritati

1/4 tazza di cipolle verdi tritate, opzionale

1/2 cucchiaino. sale

pepe nero a piacere

1/2 limone grande

2 lime

Metodo

Unisci tutti gli ingredienti tranne il succo di lime in una grande ciotola.

Conservare in frigorifero per almeno un'ora. Versare il succo di lime

sull'insalata poco prima di servire e servire immediatamente.

Godere!

Insalata di basilico, feta e pomodori

ingredienti

12 Roma, pomodori italiani, tagliati a cubetti

2 cetrioli piccoli – sbucciati, tagliati in quarti nel senso della lunghezza e

tritati

6 cipolle verdi, tritate

1/2 tazza di foglie di basilico fresco, tagliate a strisce sottili

1/4 di tazza e 2 cucchiai. olio d'oliva

1/4 di tazza di aceto balsamico

1/4 di tazza e 2 cucchiai. formaggio feta sbriciolato

sale e pepe nero appena macinato a piacere

Metodo

Mescolare tutti gli ingredienti insieme in una grande insalatiera. Aggiustare

il condimento a piacere e servire immediatamente.

Godere!

Insalata di pasta e spinaci

ingredienti

Confezione da 1/2 confezione da 12 once di pasta farfalle

5 once di spinaci novelli, sciacquati e tagliati a pezzetti

1 oncia di formaggio feta sbriciolato con basilico e pomodoro

1/2 cipolla rossa, tritata

1/2 lattina da 15 once di olive nere, scolate e tritate

1/2 tazza di condimento italiano

2 spicchi d'aglio, tritati

1/2 limone, spremuto

1/4 cucchiaino. sale all'aglio

1/4 cucchiaino. Pepe nero macinato

Metodo

Preparare la pasta secondo le indicazioni del produttore. Scolare e immergere in acqua fredda. Scolare nuovamente e mettere in una grande ciotola. Aggiungere gli spinaci, il formaggio, le olive e le cipolle rosse. In un'altra ciotola, unire la vinaigrette, il succo di limone, l'aglio, il pepe e il sale all'aglio. Sbattere fino a quando combinato. Versare sull'insalata e servire subito.

Godere!

Orzo con basilico e pomodori secchi

ingredienti

1 tazza di pasta d'orzo cruda

1/4 tazza di foglie di basilico fresco tritate

2 cucchiai. e 2 cucchiai. pomodori secchi tritati e sott'olio

1 cucchiaio. olio d'oliva

1/4 di tazza e 2 cucchiai. Parmigiano grattugiato

1/4 cucchiaino. sale

1/4 cucchiaino. Pepe nero macinato

Orzo con basilico e pomodori secchi

Metodo

Preparare la pasta secondo le indicazioni del produttore. Scolare e immergere in acqua fredda. Scolare nuovamente e mettere da parte.

Mettete i pomodori secchi e il basilico in un robot da cucina e frullate fino ad ottenere un composto omogeneo. Unisci tutti gli ingredienti in una ciotola capiente e mescola bene. Condire come desiderato. Questa insalata può essere servita a temperatura ambiente o refrigerata.

Godere!

Insalata Di Pollo Cremosa

ingredienti

2 tazze di maionese

2 cucchiai. zucchero, o più a seconda della dolcezza della maionese

2 cucchiai. pepe

1 petto di pollo, disossato e senza pelle

1 pizzico di aglio in polvere

1 pizzico di cipolla in polvere

1 cucchiaio. coriandolo tritato

Sale, a piacere

Metodo

Friggere il petto di pollo fino a cottura. Raffreddare e tagliare a pezzetti.

Unisci tutti gli ingredienti in una ciotola capiente e mescola bene. Condire a

piacere e servire freddo.

Godere!

Rinfrescante Green Grams e Yogurt Challenge

ingredienti

2 tazze di grammo verde

1 tazza di yogurt denso

1 C. peperoncino in polvere

2 cucchiai. zucchero

Sale, a piacere

Metodo

Far bollire una pentola d'acqua e aggiungere un pizzico di sale e un grammo

verde. Cuocere fino quasi a cottura e scolare. Sciacquare sotto l'acqua

fredda e mettere da parte. Sbattere lo yogurt fino a renderlo liscio.

Aggiungere il peperoncino in polvere, lo zucchero e il sale e mescolare bene.

Raffreddare lo yogurt in frigorifero per qualche ora. Poco prima di servire,

versare il grammo verde su un piatto da portata e servire condito con lo

yogurt preparato. Servire immediatamente.

Godere!

Insalata di avocado e rucola condita con feta

sbriciolata

ingredienti

1 avocado maturo, lavato

Una manciata di foglie di rucola

1 pompelmo rosa, semi privati

3 cucchiai. aceto balsamico

4 cucchiai. olio d'oliva

1 C. mostarda

½ tazza di formaggio feta, sbriciolato

Metodo

Eliminate la parte carnosa dell'avocado e mettetelo in una ciotola.

Aggiungere l'aceto balsamico e l'olio d'oliva e frullare fino a ottenere un

composto omogeneo. Aggiungete il resto degli ingredienti tranne la feta e

mescolate bene. Servire condito con formaggio feta sbriciolato.

Godere!

Insalata Di Gram Verde Germogliata

ingredienti

1 tazza di germogli verdi

1/4 tazza di cetriolo seminato e tagliato a dadini

1/4 tazza di pomodoro senza semi e tritato

2 cucchiai. e 2 cucchiai. cipolle verdi tritate

1 cucchiaio. coriandolo fresco tritato

1/4 tazza di ravanelli a fette sottili, opzionale

1-1/2 cucchiaino. olio d'oliva

1 cucchiaio. succo di limone

1-1/2 cucchiaino. aceto di vino bianco

3/4 cucchiaini. origano secco

1/4 cucchiaino. polvere d'aglio

3/4 cucchiaini. Curry in polvere

1/4 cucchiaino. senape in polvere

1/2 pizzico di sale e pepe a piacere

Metodo

Unisci tutti gli ingredienti in una ciotola capiente e mescola fino a quando

tutti gli ingredienti saranno ricoperti di olio. Conservare in frigorifero per

alcune ore prima di servire.

Godere!

Insalata di ceci sana

ingredienti

2-1/4 libbre di ceci, sgocciolati

1/4 tazza di cipolla rossa, tritata

4 spicchi d'aglio, tritati

2 pomodori, tritati

1 tazza di prezzemolo tritato

1/4 di tazza e 2 cucchiai. olio d'oliva

2 cucchiai. succo di limone

Sale e pepe a piacere

Metodo

Unisci tutti gli ingredienti in una grande ciotola e mescola bene. Refrigerare durante la notte. Servire fresco.

Godere!

Insalata di pancetta e piselli con salsa ranch

ingredienti

8 fette di pancetta

8 tazze d'acqua

2 confezioni da 16 once di piselli surgelati

2/3 tazza di cipolle tritate

1 tazza di salsa ranch

1 tazza di formaggio cheddar grattugiato

Metodo

Rosolare la pancetta in una padella larga a fuoco alto. Scolare il grasso e sbriciolare la pancetta e mettere da parte. In una pentola capiente fate bollire l'acqua e aggiungete i piselli. Cuocere i piselli per un minuto e scolarli. Immergere in acqua fredda e scolare nuovamente. In una grande ciotola, unisci la pancetta sbriciolata, i piselli bolliti, la cipolla, il formaggio cheddar e il condimento ranch. Mescolare bene e conservare in frigorifero. Servire fresco.

Godere!

Insalata croccante di asparagi

ingredienti

1-1/2 cucchiaino. aceto di riso

1/2 cucchiaino. aceto di vino rosso

1/2 cucchiaino. Salsa di soia

1/2 cucchiaino. zucchero bianco

1/2 cucchiaino. Senape di Digione

1 cucchiaio. Olio di arachidi

1-1/2 cucchiaino. olio di sesamo

Asparagi freschi da 3/4 libbre, tagliati e tagliati in pezzi da 2 pollici

1-1/2 cucchiaino. semi di sesamo

Metodo

In una piccola ciotola aggiungere l'aceto di riso, l'aceto di vino di riso, lo zucchero, la salsa di soia e la senape. Versare lentamente gli oli, continuando a mescolare, per emulsionare insieme i liquidi. Riempire una pentola con acqua e aggiungere un pizzico di sale. Portare ad ebollizione. Metti gli asparagi nell'acqua e cuocili per 5 minuti o fino a quando saranno teneri ma non molli. Scolare e immergere in acqua fredda. Scolare nuovamente e riporre in una ciotola capiente. Versare la vinaigrette preparata sugli asparagi e mescolare finché la vinaigrette non ricopre gli asparagi. Decorare con qualche seme di sesamo e servire subito.

Godere!

Deliziosa insalata di pollo

ingredienti

2 cucchiai. brodo di pollo senza grassi e con meno sodio

1 cucchiaio. aceto di vino di riso

1/2 cucchiaio. Salsa di pesce tailandese

1/2 cucchiaio. salsa di soia a basso contenuto di sodio

1/2 cucchiaio. tagliare l'aglio

1 C. zucchero

Filetti di petto di pollo da 1/2 libbra, senza pelle, disossati, tagliati a pezzetti

1/2 cucchiaio. Olio di arachidi

2 tazze di insalata verde

2 cucchiai. basilico fresco, tritato

2 cucchiai. cipolla rossa, affettata sottilmente

1 cucchiaio. arachidi tostate secche e tritate finemente e non salate

Spicchi di lime, facoltativi

Metodo

In una ciotola media, unisci il brodo di pollo, l'aceto di vino di riso, la salsa di pesce tailandese, la salsa di soia a basso contenuto di sodio, l'aglio e lo zucchero. Metti i pezzi di pollo in questa marinata, ricopri il pollo con il composto e mettilo da parte per qualche minuto. Aggiungere l'olio in una padella capiente e scaldare a fuoco medio. Togliere i pezzi di pollo dalla marinata e cuocerli nella padella riscaldata per circa 4-5 minuti o fino a cottura completa. Versare la marinata e cuocere a fuoco basso finché la salsa non si sarà addensata. Togliere dal fuoco. In una ciotola capiente, unisci le verdure, il basilico e il pollo e mescola bene fino a ricoprirli. Servire l'insalata condita con cipolle e arachidi con spicchi di limone a parte.

Godere!

Insalata sana di verdure e noodles di Soba

ingredienti

2 confezioni da 8 once di noodles di soba

2 tazze e ½ di semi di soia verde congelati

1 tazza e ½ di carote, tagliate a julienne

2/3 tazza di cipolle verdi, affettate

4 cucchiai. coriandolo fresco, tritato

3 cucchiai. pepe serrano, tritato

2 libbre di gamberetti, sbucciati e privati dei peli

1/2 cucchiaino. sale

1/2 cucchiaino. Pepe nero

Spray da cucina

2 cucchiai. succo d'arancia fresco

2 cucchiai. succo di lime fresco

1 cucchiaio. salsa di soia a basso contenuto di sodio

1 cucchiaio. olio di sesamo nero

1 cucchiaio. olio d'oliva

Metodo

Mettere a bollire una pentola d'acqua e cuocere le tagliatelle fino quasi a cottura. In una padella, cuocere i semi di soia per 1 minuto o fino a quando saranno ben caldi. Togliere dalla padella e scolare. Mescolare le tagliatelle con le carote, le cipolle, il coriandolo e il peperoncino. Spruzzare una padella grande con un po' di spray da cucina e scaldare a fuoco medio. Condire i gamberi con sale e pepe. Mettete i gamberi nella padella e cuoceteli fino a cottura ultimata. Aggiungi i gamberetti al composto di pasta. In una piccola ciotola, aggiungere il succo d'arancia e gli altri ingredienti e mescolare bene.

Versare il condimento sul composto di pasta e mescolare bene fino a

ricoprirlo.

Godere!

Insalata di lattuga e crescione con vinaigrette di acciughe

ingredienti

Cerotto:

1 tazza di yogurt bianco senza grassi

1/2 tazza di maionese a basso contenuto di grassi

4 cucchiai. prezzemolo fresco a foglia piatta tritato

6 cucchiai. cipolle verdi tritate

2 cucchiai. erba cipollina fresca tritata

6 cucchiai. aceto di vino bianco

4 cucchiai. pasta di acciughe

2 cucchiai. dragoncello fresco tritato

1/2 cucchiaino. Pepe nero appena macinato

1/4 cucchiaino. sale

2 spicchi d'aglio, tritati

Insalata:

16 tazze di lattuga romana strappata

2 tazze di crescione tagliato

3 tazze di petto di pollo cotto tritato

4 pomodori, ciascuno tagliato in 8 spicchi, circa 1 libbra

4 grandi uova sode, ciascuna tagliata in 4 spicchi

1 tazza di avocado sbucciato a dadini

1/2 tazza, 1 1/2 once di formaggio blu sbriciolato

Metodo

Mettete tutti gli ingredienti necessari per il condimento in un robot da

cucina, giratelo e frullate fino ad ottenere un composto omogeneo.

Refrigerare. In una ciotola capiente, unisci tutti gli ingredienti dell'insalata e

mescola bene. Versare sulla vinaigrette poco prima di servire.

Godere!

Insalata Gialla Semplice

ingredienti

1 spiga di mais giallo

Un filo di olio extra vergine di oliva

1 zucca gialla fresca

3 pomodorini freschi a grappolo giallo

3-4 foglie di basilico fresco

Un pizzico di sale a piacere

Pepe nero appena macinato per spolverare

Metodo

Per prima cosa, taglia i chicchi dal mais. Tagliare a fette la zucca gialla fresca

e i pomodorini gialli freschi. Ora prendete una padella e aggiungete un filo

d'olio d'oliva e fate rosolare il mais e la zucca fino a renderli morbidi. In una

ciotola aggiungete tutti gli ingredienti e condite a piacere. Mescolare e

servire.

Godere!

Insalata di agrumi e basilico

ingredienti

olio extravergine d'oliva

2 arance, succo

1 succo di limone fresco

1 scorza di limone

1 cucchiaio. Miele

Un filo di aceto di vino bianco

Pizzico di sale

2-3 foglie di basilico fresco, tritate

Metodo

Prendete un'insalatiera capiente e aggiungete l'olio extravergine di oliva, il succo fresco di limone e arancia e mescolate bene. Aggiungere poi la scorza di limone, il miele, l'aceto di vino bianco, le foglie di basilico fresco e cospargere di sale a piacere. Mescolare bene per unire. Riponete poi in frigorifero a raffreddare e servite.

Godere!

Insalata Di Pretzel Semplice

ingredienti

1 confezione di pretzel

Sale per cospargere

2/3 tazza di olio di arachidi

Vinaigrette all'aglio ed erbe aromatiche, potete utilizzare la vinaigrette che

preferite, a seconda dei vostri gusti

Metodo

Prendi un grande sacchetto di miscela. Ora aggiungi i pretzel, l'olio di

arachidi, il mix di condimento all'aglio e alle erbe o qualsiasi altro

condimento. Cospargere un po' di sale per condire. Ora agitare bene il

sacchetto in modo che i pretzel siano ricoperti uniformemente. Servitelo

subito.

Godere!